GW00635274

dreams ~ memories ~ reflections ~ inspirations ~ meditations

dreams ~ memories ~ reflections ~ inspirations ~ meditations

dreams - memories - reflections - inspirations - meditations

dreams ~ memories ~ reflections ~ inspirations ~ meditations

dreams ~ memories ~ reflections ~ inspirations ~ meditations

dreams ~ memories ~ reflections ~ inspirations ~ meditations

dreams ~ memories ~ reflections ~ inspirations ~ meditations

dreams ~ memories ~ reflections ~ inspirations ~ meditations

dreams ~ memories ~ reflections ~ inspirations ~ meditations

dreams ~ memories ~ reflections ~ inspirations ~ meditations

dreams ~ memories ~ reflections ~ inspirations ~ meditations

dreams ~ memories ~ reflections ~ inspirations ~ meditations

dreams ~ memories ~ reflections ~ inspirations ~ meditations

dreams ~ memories ~ reflections ~ inspirations ~ meditations

dreams ~ memories ~ reflections ~ inspirations ~ meditations

dreams ~ memories ~ reflections ~ inspirations ~ meditations

dreams ~ memories ~ reflections ~ inspirations ~ meditations

dreams ~ memories ~ reflections ~ inspirations ~ meditations

dreams ~ memories ~ reflections ~ inspirations ~ meditations

dreams ~ memories ~ reflections ~ inspirations ~ meditations

dreams ~ memories ~ reflections ~ inspirations ~ meditations

dreams ~ memories ~ reflections ~ inspirations ~ meditations

dreams ~ memories ~ reflections ~ inspirations ~ meditations

dreams ~ memories ~ reflections ~ inspirations ~ meditations

dreams ~ memories ~ reflections ~ inspirations ~ meditations

dreams ~ memories ~ reflections ~ inspirations ~ meditations

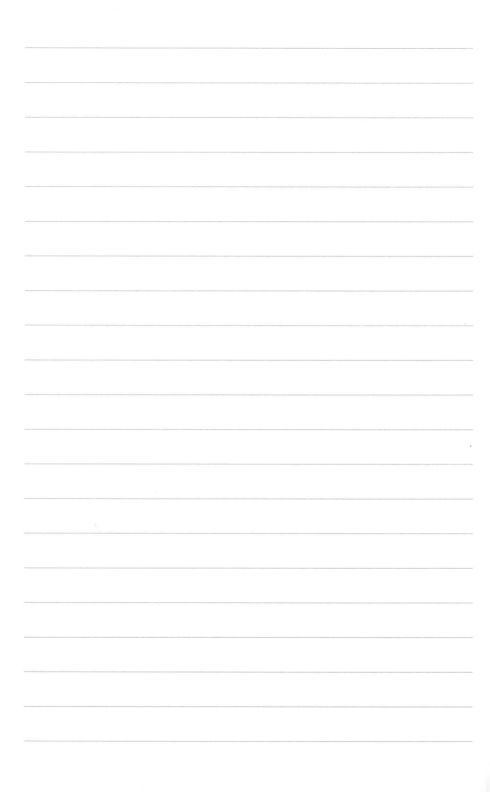

dreams ~ memories ~ reflections ~ inspirations ~ meditations

dreams ~ memories ~ reflections ~ inspirations ~ meditations

dreams ~ memories ~ reflections ~ inspirations ~ meditations

dreams ~ memories ~ reflections ~ inspirations ~ meditations

dreams ~ memories ~ reflections ~ inspirations ~ meditations

dreams ~ memories ~ reflections ~ inspirations ~ meditations

dreams ~ memories ~ reflections ~ inspirations ~ meditations

dreams ~ memories ~ reflections ~ inspirations ~ meditations

dreams ~ memories ~ reflections ~ inspirations ~ meditations

dreams ~ memories ~ reflections ~ inspirations ~ meditations

dreams ~ memories ~ reflections ~ inspirations ~ meditations

dreams ~ memories ~ reflections ~ inspirations ~ meditations

dreams ~ memories ~ reflections ~ inspirations ~ meditations

dreams ~ memories ~ reflections ~ inspirations ~ meditations

dreams ~ memories ~ reflections ~ inspirations ~ meditations

dreams ~ memories ~ reflections ~ inspirations ~ meditations

dreams ~ memories ~ reflections ~ inspirations ~ meditations

dreams ~ memories ~ reflections ~ inspirations ~ meditations

dreams ~ memories ~ reflections ~ inspirations ~ meditations

dreams ~ memories ~ reflections ~ inspirations ~ meditations

dreams ~ memories ~ reflections ~ inspirations ~ meditations

dreams ~ memories ~ reflections ~ inspirations ~ meditations

dreams ~ memories ~ reflections ~ inspirations ~ meditations

dreams ~ memories ~ reflections ~ inspirations ~ meditations

dreams ~ memories ~ reflections ~ inspirations ~ meditations

dreams ~ memories ~ reflections ~ inspirations ~ meditations

dreams - memories - reflections - inspirations - meditations

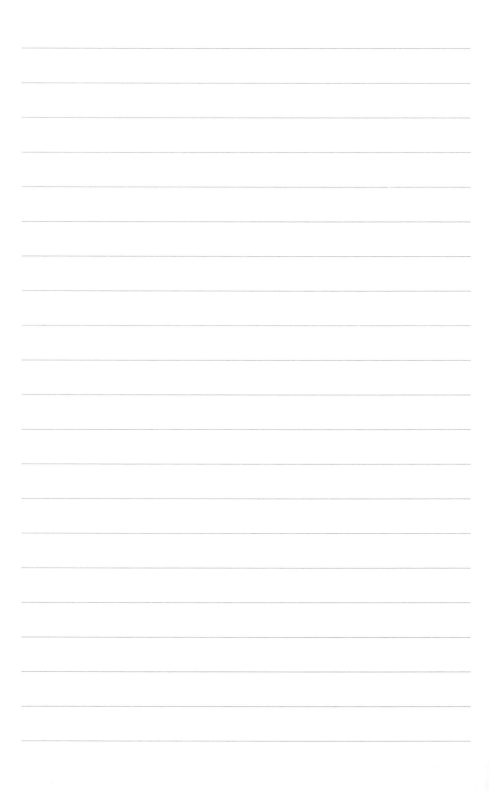

dreams ~ memories ~ reflections ~ inspirations ~ meditations

dreams ~ memories ~ reflections ~ inspirations ~ meditations

dreams ~ memories ~ reflections ~ inspirations ~ meditations

dreams ~ memories ~ reflections ~ inspirations ~ meditations

dreams ~ memories ~ reflections ~ inspirations ~ meditations

dreams ~ memories ~ reflections ~ inspirations ~ meditations

dreams ~ memories ~ reflections ~ inspirations ~ meditations

dreams ~ memories ~ reflections ~ inspirations ~ meditations

dreams ~ memories ~ reflections ~ inspirations ~ meditations